BEI GRIN MACHT SICH IHR WISSEN BEZAHLT

- Wir veröffentlichen Ihre Hausarbeit,
  Bachelor- und Masterarbeit

- Ihr eigenes eBook und Buch -
  weltweit in allen wichtigen Shops

- Verdienen Sie an jedem Verkauf

Jetzt bei www.GRIN.com hochladen
und kostenlos publizieren

Monika Reichert

Schuld und personale Verantwortung im "Armen Hein-rich"

GRIN Verlag

Bibliografische Information der Deutschen Nationalbibliothek:

Die Deutsche Bibliothek verzeichnet diese Publikation in der Deutschen National-
bibliografie; detaillierte bibliografische Daten sind im Internet über http://dnb.d-
nb.de/ abrufbar.

Impressum:

Copyright © 2002 GRIN Verlag GmbH
Druck und Bindung: Books on Demand GmbH, Norderstedt Germany
ISBN: 978-3-656-56271-9

Dieses Buch bei GRIN:

http://www.grin.com/de/e-book/17860/schuld-und-personale-verantwortung-im-
armen-heinrich

GRIN - Your knowledge has value

Der GRIN Verlag publiziert seit 1998 wissenschaftliche Arbeiten von Studenten, Hochschullehrern und anderen Akademikern als eBook und gedrucktes Buch. Die Verlagswebsite www.grin.com ist die ideale Plattform zur Veröffentlichung von Hausarbeiten, Abschlussarbeiten, wissenschaftlichen Aufsätzen, Dissertationen und Fachbüchern.

Besuchen Sie uns im Internet:

http://www.grin.com/

http://www.facebook.com/grincom

http://www.twitter.com/grin_com

Universität Augsburg 6.06.2002

HS: Religiöse Erzählliteratur im 12. und 13. Jahrhundert

Referentin: Monika Reichert

Schuld und personale Verantwortung im `Armen Heinrich´

I. Forschungstendenzen zum Schuldbegriff

1. Arno Schirokauer (1951)

Schirokauer benennt Krankheit und Verstrickung in Sünde als eindeutige Folgen schwerer Schuld, die nur durch entsprechende Buße getilgt werden kann und somit eine Rückkehr in den begnadeten Zustand erreichen kann.

Er fasst die Legende vom Armen Heinrich als Büßergeschichte bzw. Bekehrungsgeschichte auf und geht weiter von einem dreistufigen Bußschema aus: der contritio, confessio und satisfactio. Dieses glaubt er bei der Läuterung Heinrichs nachweisen zu können:

- steigende Annäherung an die contritio: **V. 252-256**
- der erste Grad der Buße: CONTRITIO CORDIS: **V. 378-382**
- Drei Jahre reift die contritio cordis, dann erst ist der zweite Grad der Buße zu erkennen: CONFESSIO: **V. 395ff.**
- Der dritte und nach Schirokauer auch entscheidende Schritt ist der Lebensverzicht, die Ablehnung einer Gesundung, die nur durch den Opfertod des Mädchens gewonnen werden kann. An Heinrich vollzieht sich das Wunder, Wendung und

Verwandlung, Metanoia, die Erneuerung bis ins Herz hinein, die Einkehr und Umkehr (**V. 1235, 1238ff.**).

Gott erkennt in seiner Demut die SATISFACTIO seiner sündhaften Hoffart und lässt Gnade walten. Heinrich wird in den Herrenstand zurückgehoben (**V. 1371f.**) und ist von nun an kein *miser* oder *pauper* mehr (**V. 1430f.**).

Seine Buße ist angenommen, mit seiner Sünde wird er seiner Krankheit ledig.

2. Christoph Cormeau (1969)

Er übt Kritik an der älteren Forschung, die meist nur nach folgendem Ablauf vorgeht: Sündenfall – strafendes Geschick – Buße und erneute Begnadung, „ohne sich weiter auf kasuistische Fixierung von Schwere der Sünde und kausaler Verkettung einzulassen." Weiter beklagt er, nirgends werde ausreichend nach Kriterien der Schuld und Zurechnung gesucht. Die Erzählungen werden, so Cormeau, mehr oder minder gewaltsam in das vorfixierte Bußschema gepresst.

Cormeau versteht den Aussatz nicht als Strafe für eine vorausliegende, eindeutig schwere Sünde, den Augenblick der Umkehr vor der Tür des Salerner Arztes nicht als Heinrichs reuige Erkenntnis seiner Schuld und Annahme seiner Buße, sondern bei ihm deutet alles nur auf eine spät erkannte Blindheit ohne böse Absicht hin.

Die Titelgestalten erreichen einen neuen Horizont, der nicht an eine bloße Zurückführung zur Gnade denken lässt. Die Krise der Erzählung – Heinrich vor der Tür des Salerner Arztes (**V. 1228ff.**) – wird mit einer tiefgreifenden Wandlung beantwortet.

„Reue über getane Sünde als Wendepunkt hieße Umkehr, Abrücken von dem Geschehenen, Korrektur der Vergangenheit, wäre wesentlich nach rückwärts gewandt, vom gegenwärtigen Augenblick der Erkenntnis auf Zurückliegendes bezogen."

Doch der Blick nach rückwärts, auf das frühere Gottesverhältnis, fehlt bei Heinrich ganz. Seine Entscheidung fällt er aus der augenblicklichen Lebenssituation heraus, die sein Leben völlig neu orientiert: **V. 1256.**

Heinrichs Wandlung greift tiefer als die Reue über eine Sünde: Die *niuwe güete*, zu der ihn der Anblick des Mädchens herausfordert, verändert seine Beziehung zu dem Menschen vor ihm und zu Gott (**V. 1276**).

„Seine Schuld ist eine unbewusste Realisierung, keine verantwortliche Entscheidung, noch nicht einmal Erkenntnis – die Blindheit menschlichen Selbstvertrauens."

Indem Heinrich im Mitleid mit dem Mädchen den erkannten Anspruch Gottes erfüllt, lässt er das Zwielicht um die frühere Schuld hinter sich.

3. Hans Seigfried (1971)

Das Wort „*schulde*" ist positiv bestimmt und kein notwendiges Korrelat zu *missetât* und *sünde*. Der Begriff kommt meist in derselben Wendung vor: *von (mînen, dînen, ir, welhen) schulden*. Ausnahme: **V. 28** und **V. 658ff.**. Hier besteht eine Beziehung zu *missetât* und *sünde* und dem Verlust der *gotes hulden*.

Heinrichs *altez gemüete* und sein *alter muot* hat ihm offenbar Gottes Strafe verdient (**V. 383ff.**) und seine *hulde* verwirkt (**V. 408**) und ist somit indirekt als *sünde* Heinrichs bestimmt. Erst durch seine Bekehrung kam er zur Einsicht, dass *gotes wille* an ihm geschehen müsse (**V. 1276/ 1430ff.**). Dazu hatte er vor seiner Bestrafung und Bekehrung nicht den *muot*. Durch Strafe musste er erst dazu erzogen werden.

Seigfried stellt den *hôchmuot* Heinrichs als Ursache seiner Treulosigkeit gegen Gott dar. „Diese selbst sind somit *sünde* und *missetât* , als Widerwille gegen Gottes Willen und als Verfehlung gegen das größte Gebot Gottes gekennzeichnet, die ihn in Gefahr bringen, auch gegen das zweitgrößte Gebot Gottes durch *bärmde*-losigkeit sich zu vergehen, und die Gottes *râche* hervorrufen und den Verlust der *sêle* mit sich bringen." (Vgl. hierzu **V. 383ff.**)

Die Erfahrung der völligen Selbsthingabe beim Anblick des nackten und gebundenen Mädchens aus höchster *triuwe* zu Gott für das *êwige leben* (**V. 1162ff.**, **806ff.**, **693ff.**, **607ff.**) überwältigen Heinrichs *hôchmuot*. Außerdem die tiefster *bärmde* zum Nächsten (**V. 1152ff.**, **987ff.**) für die Genesung von seiner Krankheit und für die Errettung seiner Seele (Vgl. **V. 1235ff.**).

Dem körperlich wie seelisch geheilten Ritter gelingt es endlich, *êre*, *guot* und *got* in Einklang zu bringen: **V. 1430ff.**

Der arme Heinrich macht sich zwar willentlich, aber nicht wissentlich schuldig an einer *sünde* und *missetât*.

Zusammenfassend lässt sich feststellen, dass laut Seigfried Hartmann schon einer unwissent - willentlichen Sünde den Verlust der *gotes hulde* und die Verdammung zur Höllenstrafe folgen lässt.

„Die Schuld als Ursache des Fehlens der Übereinstimmung des Menschenwillens mit dem Gotteswillen in seinen Geboten und Verboten ist Ursache des Mangels der *gotes hulde* , die zum *êwigen leben* führt im *himelrîche*."

II. Parallelen und Unterschiede im `Gregorius´ und im `Armen Heinrich´

1. Exkurs: Die Bedeutung der Zahlen

Im `Armen Heinrich´:

- Heinrichs *klein gemahel* war **acht** Jahre alt (**V. 303**).

  Das Alter der kleinen `Heiligen´ hat nach Schirokauer symbolische Bedeutung.

  Vgl.: Ex 22,28-30: „Den Erstgeborenen unter deinen Söhnen sollst du mir geben. Ebenso sollst du es mit deinen Rindern, Schafen und Ziegen halten. Sieben Tage sollen sie bei ihrer Mutter bleiben, am achten Tag sollst du sie mir übergeben."

  → Die eigentliche Kindheit unter der Obhut der Mutter dauert also sieben Jahre; im achten ist das Kind nun frei und reif zum Dienst. Acht hier im Sinne von außerhalb der Sieben, außerhalb der Unselbständigkeit und der Infantia. Nicht mehr das Elternhaus, sondern das Gotteshaus ist die neue Heimat.

- Die Meierstochter ist zum Zeitpunkt ihres Martyriums **elf** Jahre alt (= Alter der Reife)

- Die **Drei**ersymbolik:
  - die <u>erste</u> Nacht nach der Beichte ist ausgefüllt von der Klage über das Schicksal ihres Herrn (**V. 473ff.**).
  - die <u>zweite</u> Nacht bringt die Reden und Gegenreden zwischen Eltern und Kind, bis die Eltern ihren Widerstand aufgeben und denken, aus dem Kind spreche der Heilige Geist (**V. 855ff.**).
  - am <u>dritten</u> Tag (**V. 981ff.**) weckt die Jungfrau Heinrich und teilt ihm ihren Entschluss mit.

    ⇒ Hier wird in drei Stufen das Mädchen zur engelgleichen Legendengestalt. Außerdem liegen zwischen ihrem ersten Erscheinen im Gedicht und dem Sieg ihres Erlöserplans drei Jahre und drei Tage.

  - Heinrich reagiert mit einer ersten Regung auf den Entschluss des Mädchens (**V. 949f.**)
  - Zweitens gerät er in Zweifel (**V. 1004ff.**) und

- drittens beugt sich Heinrich dem Willen des Mädchens (**V. 1011ff.**)

⇒ Schirokauer bezeichnet das Spiel mit der Dreizahl als ein „echtes
   Legendensymbol".

Im `Gregorius´:

Ähnliche Begebenheiten finden sich im Gregorius:
Wohl **acht**jährig, wie sich aus dem Text erschließen lässt, nimmt der Junge am Unterricht
in der Klosterschule teil. Nach **drei** Klosterschuljahren ist der Elfjährige der beste Lateiner
(**V. 1181ff.**). Die Stunde, seit der er Gut und Böse unterscheiden konnte, war sein **elftes**
Lebensjahr.
Diese Szenen – zwischen der Meierstochter und ihren Eltern; hier im Gregorius die
zwischen Gregor und dem Abt – sind sich enorm ähnlich. Beide Male ist das Alter der
Reife, in der *übel unde got* bedacht werden kann (**V. 1569ff.**), **elf** Jahre und beide Male
endet die Szene mit der Ausfahrt des Kindes.
Die Todsünde Gregors besteht in der Dreieinigkeit seines Ödipus-Frevels: *sîn muoter, sîn
base, sîn wîp   diu driu heten einen lîp* (**V. 3831f.**).

→ Als Diskussion könnte man hier anschließen, warum Hartmann gerade die heilige
   Zahl **drei** verwendet hat.
   Spielt er auf die Redewendung „alle guten Dinge sind drei" an?
   Oder verwendet er indirekt den Begriff der Dreifaltigkeit?

2. Der Begriff der Sünde

  Im `Armen Heinrich´

  - Nach Wapnewski ist die Selbstgerechtigkeit des Herrn Heinrich die Sünde, „eine
    mildere Spielart der superbia". Deshalb ist ihm die Strafe Gottes auch
    gerechterweise widerfahren.

  - Seigfried bezeichnet Heinrichs frühere Gesinnung, sein *altez gemüete* und sein
    alter muot, indirekt als dessen Sünde. Sein *hôchmuot* (**V. 82**) sei die Ursache seiner
    Untreue gegen Gott und letztere selbst sei somit Sünde.

- Cormeau stellte fest, dass die „vier verschiedenen Arten, das eigene Gute zu überschätzen", am Anfang des `Armen Heinrich´ nicht erforschbar sind. Auch in Heinrichs Bekenntnis (**V. 383-417**) sieht er den Tatbestand der superbia nicht gegeben.

- Endres folgt Cormeau, indem er dem Ritter Heinrich höchstens „die Sünde aus `ignorantia´" zuschreibt.

⇒ Die verschiedenartige Interpretation hängt mit Heinrichs *hôchmuot* (**V. 82**) zusammen, dessen Semantik vielfältig ist. Doch der Begriff „hohes Selbstgefühl" kommt dem mhd. Wort wohl näher als der der „Selbstgerechtigkeit". Doch eine Eindeutigkeit ist hier nicht gegeben.

Im `Gregorius´

Auch in diesem Werk Hartmanns gibt es verschiedene Meinungen zum Begriff der Sünde:

- Schneider und Maurer bezeichnen den Austritt Gregors als bewusst und willentlich begangene Sünde, der die Inzestsünde mit der Mutter als Folge auf sich nehmen muss.

- Nach Nobel treiben Selbstliebe und Hochmut Gregor zum Rittertum. Diese superbia zieht die Inzestsünde nach sich. G. trägt persönliche Schuld am Inzest mit der Mutter als Ergebnis einer vorangegangenen subjektiven Schuld.

- Cormeau sieht keine Sünde Gregors beim Verlassen des Klosters. G. büßt nach Cormeau für den Inzest (= vollwertige Sünde) und nicht für die Klosterflucht.

- Tonomura sieht den Inzest als Sünde an, doch nicht als Folge vorheriger Ereignisse.

→ Hier könnte eine Diskussion folgen, inwieweit Heinrich in personaler Verantwortung steht (bezügl. des Aussatzes und bei der Annahme des Angebots des Mädchens) und inwieweit Gregor (bezügl. des Inzestes mit der Mutter) dem folgt.

III. Themen und Schwerpunkte des Werkes

- Glanz und Elend in der Welt: Ritterleben Heinrichs und sein Sturz

- Verzicht auf eigenes Vermögen

- Vertrauen auf Gott, Gottesglaube, der Weg zur Güte als Leitmotiv

- Heinrich vor der Tür des Salerner Arztes und sein Lebensverzicht (**V. 1228ff.**)
  → persönliche Nächstenliebe

- *nû ist si vrî als ich dâ bin* (**V. 1497**)
  → Gleichsetzung von edelfrei und freibäuerlich, was dem Rechtsbewusstsein um 1200
    keinesfalls entsprach. Hier: provozierende Deutlichkeit; denn nach damaligem
    Empfinden stellt eine solche eheliche Verbindung einen Eklat dar.

IV. Aussageabsicht des „Armen Heinrich"

Die Legende zeigt den Weg von der Sünde hin zur Güte, von der Krankheit weg zur
gottvollen Gesundheit. Der Gotteswille soll in der Welt durch die Einwilligung des
Menschen in Gottes Willen geschehen. Der Teufel versucht den Menschenwillen durch
seinen *rât* über die Verkehrung des Blickes zur Einwilligung in seinen Willen zu verleiten.
Vorübergehend kann dies geschehen, aber die Geschichte vom „Armen Heinrich" zeigt,
dass am Ende immer der Wille Gottes in der Welt geschieht.

Primärliteratur:

- Hartmann von Aue: Der arme Heinrich. Stuttgart: Philipp Reclam jun. GmbH & Co 1993.

Sekundärliteratur:

- Borck, Karl Heinz: Nû ist si vrî als ich dâ bin. Bemerkungen zu Hartmanns >Armen Heinrich< v. 1497. In: Huschenbett, D. u.a. (Hrsg.): Medium aevum deutsch. Festschrift f. K. Ruh. Tübingen 1979, S.37-50.

- Buck, Timothy: *Zuht, râche* – und *versuochunge*: Nochmals zum Begriff „Strafe" im *Armen Heinrich*. In: Euphorion. Zeitschrift für Literaturgeschichte 62 (1968), S. 311-316.

- Cormeau, Christoph: Sünde und Heilserfahrung bei Hartmann von Aue, nach den Verserzählungen „Armer Heinrich" und „Gregorius" skizziert. Aus: Wilpert, P. (Hrsg.): Lex et sacramentum im Mittelalter. Berlin 1969, S. 113-126.

- Schirokauer, Arno: Die Legende vom Armen Heinrich. In: Germanisch-Romanische Monatsschrift 33 (1951/1952), S. 262-268.

- Schirokauer, Arno: Zur Interpretation des Armen Heinrich. In: Zeitschrift für deutsches Altertum und deutsche Literatur 83 (1951/ 1952), S. 59-78.

- Seigfried, Hans: Der Schuldbegriff im *Gregorius* und im *Armen Heinrich* Hartmanns von Aue. In: Euphorion. Zeitschrift für Literaturgeschichte 65 (1971), S. 162-182.

- Verweyen, Theodor: Der „arme Heinrich" Hartmanns von Aue. Studien und Interpretation. München: Wilhelm Fink Verlag 1970.